Ernährung & Meal Prep

Wie Du gesundes Essen zeitsparend zubereitest und auch unterwegs genießen kannst

Mit der ketogenen Diät schnell abnehmen und dein Gewicht dauerhaft halten

Die Ernährungsprofis

1. Auflage
© 2018 Evrim Dagdelen
Alle Rechte vorbehalten.

ISBN:1725587947
ISBN-13:9781725587946

INHALT

1	Einleitung	Seite 1
2	Vom Prinzip zum Detail - Vorteile genauer beschrieben	Seite 5
3	Zutaten	Seite 10
4	Equipment und Aufbewahrung	Seite 13
5	Einsteiger-Guide	Seite 16
6	Planung und Organisation	Seite 21
7	Keogener Ernährungsplan	Seite 24
8	Rezepte	Seite 28
9	Fazit	Seite 54

KAPITEL 1
EINLEITUNG

Montag bis Sonntag - 7 Tage voller Hektik. Die heutige Gesellschaft ist im alltäglichen Leben voll ausgelastet, man könnte auch sagen überlastet. Ständig unterwegs, durchgehend beschäftigt mit der eigenen Tagesplanung, dem Sozialleben und der Arbeit - über zu wenig Zeit beklagen sich daher logischerweise die Meisten. Egal ob Schüler, Studenten, Angestellte oder Selbstständige: Meistens fehlt einfach die Zeit und die Motivation, um in der Pause das eigene Essen vorzubereiten und sich damit bewusst ernähren zu können. Vor allem, wenn eigentlich das Verlangen nach Abnehmen groß ist und man im schlimmsten Fall auch noch Probleme mit der eigenen Portionskontrolle hat. Findest du dich in diesen Aussagen wieder? Ich bin mir sicher, dass das genau so ist, wie ich es behaupte. Du hast oftmals einen stressigen Tagesablauf, gegen Mittag macht sich grundsätzlich der Hunger bemerkbar und schon steht etwas schnelles, ungesund auf dem Speiseplan. Der Grund also warum Stress im Job und Alltag ein begünstigter Faktor für fehlende Fitness und resultierende Gewichtszunahme ist. Keine Frage, es muss schnurstracks eine alternative Lösung her! Frisch und gesund sollte deine Ernährungsweise sein! Das weiß zwar jedes Kind, nur wie es richtig funktioniert, wissen die wenigsten. Es sollte schließlich für den täglichen Wahnsinn am besten bereits fix und fertig zubereitet, kostengünstig, gesund und für den Verzehr direkt zur Hand sein. Quasi eine Art gesundes Fast-Food. Alles total abwegige Gedanken, da solch ein Wunschdenken nicht funktioniert? Völliger Schwachsinn! Das Zauberwort zu deiner Situation, das dir die Rettung bringen wird, lautet Meal Prep. Ein Begriff. das aus dem Bereich Fitness und Gewichtsmanagement kommt und sich aus den englischen Wörtern "meal" und "preparation" zusammensetzt. Ins Deutsche übersetzt also für "Mahlzeit" und "Vorbereitung". Naja Meal-Prep ist an sich nichts Neues und dennoch der Food-Trend schlechthin zur Zeit. Man kennt es mittlerweile als Food Prep, Meal-Prepping, Meal Preparation oder klassisch auch als das gute alte Vorkochen. Ein Prinzip mit vielen unterschiedlichen Namen, hinter denen aber eine ganz einfache Idee steckt. Anstatt die frisch gekauften Lebensmittel, die auf einer Low-Carb-Ernährungsweise basieren sollen, so lange im Kühlschrank zu lagern, bis du sie für deine Mahlzeiten verwendest, werden sie direkt nach dem Einkaufen verarbeitet und anschließend portionsweise entweder in Dosen oder in Einmachgläsern verpackt, damit man sie zu einem späteren Zeitpunkt genießen kann. Dies erstmal vorweg, denn rund um das Thema Vorkochen wirst du in diesem Buch noch genauer kennenlernen. Die Grundidee des Meal-Prep hat viele Vorteile wie du merken wirst, wenn du das Konzept im Laufe der nächsten Kapitel mal etwas genauer für dich definiert hast. Grundsätzlich soll es vereinfacht gesagt dein alltägliches Leben erleichtern und dir zu einem gesünderen Lebensstil verhelfen. Da gesundes Essen griffbereit zu haben, zweifelsfrei die beste und erfolgreichste Methode sein wird, dein persönliches Gesundheitsziel in nächster Zeit erreichen zu können, solltest du definitiv alles sorgfältig lesen und umsetzen. Wieso das Konzept funktioniert, warum die Food Preparation gesund ist und welche Rezeptideen es gibt, sind nur ein kleiner Auszug dessen was du in den nächsten Kapiteln lernen wirst. Darüber hinaus sehen bunt geschichtete Zutaten von verdammt leckeren Mahlzeiten in einem Einmachglas gut aus, findest du nicht auch?

Schluss mit den Zeiten des gedankenlosen Konsums von Fast-Food! Jetzt bricht ein neuer Abschnitt deines Lebens an! Ab sofort folgst auch du dem neuen Trend und setze ein Zeichen für gesunde Lebensweisen auf der Arbeit oder in der Schule. Mit diesem Buch bist du der nächste Trendsetter in deinem Umkreis, also wünsche ich dir schon mal viel Spaß bei der Umsetzung und guten Hunger!

„Du bist was du isst."

KAPITEL 2
VOM PRINZIP ZUM DETAIL -
VORTEILE GENAUER BESCHRIEBEN

Im Prinzip, wird wie du schon gehört hast, beim Meal-Prep das alte Konzept des Vorkochens wieder aufgegriffen, das jedoch so verstanden wird, dass man die Mahlzeiten bereits für die ganze Woche vorbereitet und dann nur noch aufwärmen muss. Dieses Konzept bedeutet so viel wie: An einem festen Tag kochen (zum Beispiel Sonntags) und sieben Tage lang davon genießen, indem man sich die restlichen Tage der Woche von den vorbereiteten Mahlzeiten ernährt und somit jeden Tag schon etwas zu Essen griffbereit hat, ohne sich den Kopf darüber zerbrechen zu müssen, was man nun schon wieder kocht. Vorbei sind damit auch die Zeiten, in denen man zu Fertigprodukten und ungesunden Nahrungsmitteln aus reinem Hunger- oder Lustgefühl gegriffen hat, weil man entweder keine Zeit in der Pause hatte etwas vorzubereiten oder nach einem langen, anstrengenden Arbeitstag, nicht mehr die Kraft hatte, sich in die Küche zu stellen und etwas gesundes zu kochen. In der Not greift man bekanntlich oftmals zur falschen Alternative zurück, jedoch hat das ab sofort ein Ende und es gilt sich mit den Vorteilen einer Meal-Prep-Ernährungsweise zu beschäftigen, denn diese werde ich dir in diesem Abschnitt einmal genauer erläutern.

1. Gesunde und bewusste Ernährungsweise

Die Qual der Wahl hat ein Ende, denn wenn man vorkocht, dann entscheidet man sich bereits beim Einkaufen bewusst für die zukünftige Ernährungsweise. Man hat da zwar auch die Wahl, jedoch kann man beim Einkaufen mit den langfristigen Zielen im Blick gezielt gesunde und kalorienarme Lebensmittel wählen. Du handelst dadurch nicht mehr aus der Not heraus, da dein Hungergefühl bereits eingetroffen ist, sondern weil du etwas erreichen möchtest.

2. Volle Kontrolle

Mit der eigenen Zubereitung hat man gleichzeitig auch die volle Kontrolle darüber, was im Endeffekt reinkommt in die Mahlzeiten. Außerdem kann man selbst bestimmen wie groß die Portionen werden sollen, welche einem dadurch eine gute Übersicht über die enthaltenen Proteine, Kohlenhydrate und Fette gibt. Besonders dieser Punkt ist sehr wichtig für den Fettabbau bei einer Low Carb Ernährung oder auch speziell für jeden Sportler, der seinen Körper definieren, Muskeln aufbauen oder einfach die bestmögliche Leistungssteigerung erreichen möchte.

3. Nährstoffversorgung

Durch das direkte Weiterverarbeiten der frischen Zutaten bleiben die Nährstoffe zum größten Teil erhalten, die sonst generell eigentlich durch die Lagerung verfliegen würden.

4. Unüberlegte Bauchentscheidungen

Mit dem Einfluss von Heißhungerattacken neigt man dazu, sich im Zeitstress zu einer ungesunden Fast-Food-Alternative verleiten zu lassen. Genau dieses Phänomen wird mit dem Vorkochen umgangen und beugt somit den unüberlegten Griff zu Dickmachern vor.

5. Zeitersparnis

Der Zeitaufwand fürs tägliche Kochen, besonders mit frischen Zutaten, ist enorm. Meal-Prep bietet dagegen den Vorteil, dass man seine Zubereitungen in einem Rutsch an nur noch einem Tag in der Woche vollzieht und damit gleich mehrere Tage damit versorgt ist. Die Schlussfolgerung daraus ist ganz klar die Zeitersparnis, die man dadurch hat. Es fallen neben der reinen Zubereitungszeit nämlich auch das lästige wieder aufräumen und spülen weg.

6. Geld einsparen

Durch eine gute Planung und Organisation der Wochenrationen kann man teilweise günstiger durch die größeren Mengen, die man benötigt einkaufen. XXL-Packungen sind in diesem Zusammenhang optimale Möglichkeiten, um Geld zu sparen. Das tägliche Essen gehen fällt komplett weg, was im Vergleich zum Vorkochen definitiv eine große Ersparnis ist.

KAPITEL 3
ZUTATEN

Wichtig: Beim Meal Prep geht es nicht darum, dass es jeden Tag das Gleiche gibt. Es werden nur oftmals die gleichen Grundzutaten verwendet, welche man dann für jeden Tag neu kombinieren kann. Diese werden also in großen Mengen vorbereitet und kommen dann in verschiedenen Gerichten für mehrere Tage vor. Beliebt für den Anfang sind Salate, Hähnchenbrust und verschiedenste Gemüsesorten, welche man dann hintereinander zu variablen Gerichten verarbeitet.

Typische Grundzutaten für Meal-Prep:

- **Fleisch:** Hähnchenbrust, mageres Rindfleisch, Lamm, Schweinefilet, Flankensteak, Schinken, Roastbeef
- **Fisch:** Lachs, Forelle, Schellfisch
- **Gesunde Fette:** Mandeln, Walnüsse, Pekannüsse, Pistazien, Kürbiskerne, Erdnussbutter Mandelbutter, Olivenöl, Kokosöl
- **Gemüse:** Brokkoli, Blumenkohl, Spinat, Karotten, Zwiebeln, Paprika
- **Obst:** Äpfel, Birnen, Orangen, Blaubeeren
- **Milchprodukte:** Butter, Joghurt, Quark.

Nachdem du dir eine Liste gesunder Grundzutaten zusammengestellt hast, ist die Basis für die Zubereitung deiner Mahlzeiten geschaffen und du kannst später nachdem du deinen Low-Carb-Ernährungsplan erkundigt hast, diesen mit deiner Auswahl erweitern. Gehen wir jetzt aber erst einmal einen Schritt weiter und klären die richtige Aufbewahrung der Lebensmittel.

KAPITEL 4
EQUIPMENT UND AUFBEWAHRUNG

Um leckere und gesunde Low Carb Gerichte vorbereiten zu können, benötigst du neben den Zutaten auch das richtige Equipment. Das richtige Equipment und die richtige Aufbewahrung ist nämlich ein sehr wichtiger Abschnitt, denn die Mahlzeiten sollen ja so lange frisch bleiben wie möglich, damit sie die ganze Woche über genießbar sind. Du wirst jetzt lernen worauf es dabei genau ankommt. Hier ist es Geschmackssache, ob du die Gerichte einfach in Dosen oder in Einmachgläser mit gummierten Deckeln füllst. Wichtig dabei ist nur, dass sich alle Behälter luftdicht verschließen lassen und auslaufsicher sind, denn niemand möchte in seiner

Tasche eine Saucen-Flut erleben. Sehr sinnvoll sind außerdem Aufbewahrungsboxen, die gleichzeitig hitzefest/mikrowellengeeignet sind und die man auf der Arbeit oder daheim einfach kurz erwärmen kann. Besonders vorteilhaft sind auch stapelbare Behälter, denn diese passen immer besser in den Kühlschrank. Bei durchsichtigen Dosen und Gläsern weiß man außerdem gleich immer, was drin ist und muss nicht lange suchen. Für die optimale Aufbewahrung solltest du wissen, dass sich einige Zutaten wie Kartoffeln, Nudeln, Reis und gegartes Gemüse locker 3-4 Tage im Kühlschrank halten. Ansonsten ist es beim Meal-Prep-Verfahren eine gute Option die gekochten Gerichte einzufrieren. Du solltest nur bedenken, dass einige Zutaten ihre Nährstoffe und ihren Geschmack verlieren könnten. Generell als eine gute Alternative zu frischen Zutaten solltest du ruhig auch mal zu tiefgefrorenem Gemüse und Obst aus der Tiefkühle im Supermarkt greifen, denn dann ersparst du dir zusätzlich das Putzen und Zerkleinern bei der Zubereitung.

Salat-Tipp: Mit einem hohen Einmachglas lassen sich Salate besonders gut frisch halten. Die Aufteilung läuft folgendermaßen ab: Das Dressing kommt ganz nach unten, darauf folgt saftiges Gemüse (zum Beispiel: Möhren, Oliven, Erbsen und Paprika), darauf kommen die Proteine (zum Beispiel Fleisch) und darüber dann die Salatblätter. Auf diese Weise halten sich die Zutaten so einige Tage kühl gelagert im Kühlschrank. Der Vorteil dabei ist, dass das Dressing den Salat nicht aufweicht. Solltest du allerdings Dosen verwenden, dann transportiere das Dressing bitte immer extra.

Hinweis: Bitte beachte, dass warme Gerichte nach der Zubereitung zunächst etwas bei Raumtemperatur abkühlen sollten, bevor sie dann schlussendlich im Kühlschrank/Gefrierfach aufbewahrt werden.

KAPITEL 5
EINSTEIGER-GUIDE

Für viele Menschen ist das Konzept des Meal-Prep der Schlüssel zum Erfolg - Bekanntlich ist aber aller Anfang schwer. Daher habe ich dir als Einsteiger den ultimativen Einsteiger-Guide zusammengestellt, bei dem du lernst was du vor deinem ersten Meal-Prep bedenken solltest. Ich möchte dir auf diese Weise den erfolgreichen Einstieg in das Thema Meal-Prep erleichtern, also viel Spaß bei der Umsetzung!

- Dein erster Meal-Prep-Vorbereitungstag sollte ein Sonntag sein. Sonntags wird generell der Tag sein, an dem du die Mahlzeiten für die ganze Woche vorbereiten wirst. Wenn du also direkt damit anfängst, dann bekommst du unmittelbar ein Gefühl dafür, wie es in Zukunft sein wird. Zwar kannst du auch einen anderen Tag als Vorbereitungstag festlegen, aber generell eignet sich dieser am besten, da es deine Wochenendpläne (Freitags- und Samstags-Pläne an denen meist viel unternommen wird) nicht stört und aber auch nah genug am Anfang der Woche liegt, um möglichst zu verhindern, dass deine Gerichte gegen Ende der Woche sowohl komische Gerüche entwickeln als auch nicht mehr genießbar sind. In der Anfangsphase wirst du zwar auch noch weitere Tage haben, da deine Zeitspanne nicht direkt auf eine Woche gelegt wird, jedoch solltest du das Konzept rein aus Prinzip einfach mal für den optimalen Einstieg mit einem Sonntag starten.

- Langsam starten: Als Anfänger solltest du erstmal nur für 2-3 Tage vorkochen und das auch nur mit Rezepten, die du bereits kennst.

Das erleichtert dir sowohl den Einstieg, als auch den Umstieg in das Meal-Prep-Konzept. Du vermeidest dadurch nämlich, dass du gerade am Anfang eventuell den Überblick verlierst und es dir dadurch unnötigerweise schwierig machst. Du kannst sobald etwas Routine eingekehrt ist Step-by-Step auf eine Woche erhöhen und dich dann auch an die neuen, unbekannten Rezepte wagen.

- Wie du schnell merken wirst, ist beim Meal-Prep die vorherige Planung alles um ein Chaos zu verhindern, denn je konkreter die Gerichte geplant werden, desto einfacher wird dir auch das Einkaufen, Vorkochen und Genießen fallen. Wir wollen ja nicht, dass deine Lebensmittel am Ende in der Tonne landen. Am einfachsten ist es, sich einen praktischen Meal Planner für die ganze Woche zuzulegen, indem du dann alle kommenden Gerichte und benötigten Zutaten leicht eintragen kannst. Natürlich kannst du dir aber auch einen umfassenden Jahresplaner zulegen, je nachdem wie genau du deine Übersicht gestalten möchtest. Manche Anwender bereiten auch nur das Mittagessen im Voraus zu, andere die komplette Tagesration - das hängt ganz von deinem Tagesablauf und deinen gewünschten Zielen ab. Wie genau dieser Plan aussieht wirst du im Laufe des Buches noch genauer erfahren.

- Das Konzept des Meal-Prep eignet sich nicht für ausgefallene Gourmet-Gerichte, da solche Mahlzeiten lediglich als frische Mahlzeiten zu genießen sind. Die Aufbewahrung in zum Beispiel einer Tupperdose eignet sich besonders gut für bestimmte, einfache Lebensmittel, die ich dir später als Übersicht vorstellen möchte.

- Die vorbereiteten Gerichte werden entweder in Tupperdosen oder in Lunchboxen gelagert. Diese kannst du für die Anfangszeit, also wenn du noch in der Phase steckst, in der du ausschließlich für 2-3 Tage vorkochst, bedenkenlos im Kühlschrank aufbewahren. Nach dieser Zeit werden sie sicherheitshalber dann im Gefrierfach eingefroren.

- Bezüglich der Zubereitung mit Gewürzen und verschiedenen Saucen solltest du beachten, dass du den Gerichten damit zwar die gewünschte Geschmacksrichtung verleihen kannst, jedoch manche Zutaten dann auch im Laufe der Zeit im Kühlschrank oder im Eisfach an Geschmack verlieren. Entdecke einfach die Welt der Gewürze und Saucen und probiere aus wie es dir am besten passt.

- Als wichtigen Anfängertipp, solltest du darauf achten, dass du Gerichte zubereitest, die als Grundzutaten mehr oder weniger immer dieselben Zutaten haben. Das Konzept dahinter ist: Einmal verarbeitet, kann man daraus viele verschiedene Kombinationen mit weiteren Komponenten kreieren und viel Vorbereitungszeit sparen.

KAPITEL 6
PLANUNG UND ORGANISATION

Nach anfänglicher Starthilfe kommen wir nun in die Praxisphase in der es um die konkrete Planung und Organisation geht. Ein guter Plan ist nämlich das A und O für das erfolgreiche Meal Prepping und sollte daher sorgfältig erstellt werden. Stelle dir zunächst die Frage, ob du in nächster Zeit einen Wochenplan oder doch einen Jahresplan erstellen möchtest. Vielleicht möchtest du auf lange Sicht planen, wenn du einen konkreten Fitnessplan anstrebst oder doch noch recht spontan bei den Entscheidungen deiner Mahlzeiten sein. Willst du dein Leben wirklich verändern, dann empfehle ich dir auf den nachfolgenden Low-Carb-Ernährungsplan zu setzen, bei dem du deine Kalorien im Auge behalten und auch auf lange Sicht deine Ernährungsweise einhalten kannst. Denn besonders Low Carb Rezepte können gut für das Prinzip des Meal Prepping verwendet werden. Ab sofort bist du damit dann auch nicht mehr auf die Menüwahl in Restaurants, Kantinen oder Imbissen angewiesen, also optimale Voraussetzungen dein Gewicht in Zukunft effizient reduzieren zu können. Besonders gut ist, dass viele Low-Carb-Gerichte nicht mehr aufgewärmt werden müssen und sich daher gut für unterwegs eignen, wenn man keine elektronischen Geräte zum Erwärmen zur Verfügung hat. Solltest du vor Ort, alles was du als Hilfsmittel benötigst haben, dann kannst du so ziemlich jedes Gericht vorbereiten, auf das du Lust hast. Kläre daher deine persönliche Situation ab bevor du deinen Ernährungsplan erstellst. Den Ernährungsplan kannst du dann nach deinen persönlichen Vorstellungen in Zukunft anpassen. Du solltest dir nur genau überlegen, welche Gerichte du gerne kochen möchtest und was du gerne zwischendurch essen willst. Daraus schreibst du dir dann eine Einkaufsliste, anhand der du deinen Einkauf erledigen wirst. Den erstellten Low-Carb-

Ernährungsplan kannst du dann auf deinem Handy oder auch auf deinem Computer speichern, damit du immer und überall darauf zurückgreifen kannst und eventuelle Änderungen vornehmen kannst.

KAPITEL 7
KEOGENER ERNÄHRUNGSPLAN

In diesem Abschnitt kommen wir endlich zu dem ketogenen Ernährungsplan, der dein Leben verändern wird! Bei diesem Ernährungsplan wird der Fokus auf frische, unverarbeitete Nahrungsmittel mit wenig Kohlenhydraten gelegt. Denn eine kohlenhydratarme Ernährung ist die beste Möglichkeit, um schnell und gesund abzunehmen. Zusätzlich wirst du daraus noch viele weitere Vorteile herausziehen. Deine Gesundheit wird sich allgemein enorm verbessern und du verringerst nachweislich das Risikofaktor an Herz-Kreislauf-Erkrankungen zu erkranken. Du wirst also jetzt einen 7-Tage-Ernährungsplan kennenlernen, den du in Zukunft mit gesunden Alternativen aus der darauf folgenden Rezeptsammlung variieren kannst. Es geht in erster Linie darum, einen Einblick zu bekommen wie eine einwöchige kohlenhydratarme Ernährung aussehen sollte und welche Lebensmittel generell dafür geeignet sind und welche nicht. Betrachte also die folgenden Mahlzeiten als eine Art Richtlinie an denen du dich in Zukunft orientieren kannst. Das Ziel wird es sein, unter 50 g Kohlenhydrate pro Tag zu bleiben. Auf diese Weise kommt dein Körper nach einigen Tagen in einen ketogenen Zustand und der Körper bezieht seine geforderte Energie dann hauptsächlich aus den angesammelten Fettpolstern, statt die Kohlenhydrate umzuwandeln. Solltest du ein sportlicher Typ sein, dann kannst du ruhig auch mehr als die genannten 50 g pro Tag aufnehmen, denn dann verbrauchst du auch mehr. Bitte beachte aber, dass dieser Ernährungsplan lediglich auf 50 g Kohlenhydrate pro Tag ausgelegt ist, damit deine Fettverbrennung regelrecht angeschoben wird. Bevor du jetzt den ketogenen Ernährungsplan genauer betrachtest, möchte ich noch darauf hinweisen, dass du immer ausreichend Gemüse in deine Mahlzeiten einbauen kannst.

MONTAG	MAHLZEIT
FRÜHSTÜCK:	Omelett mit gebratenem Gemüse in Butter oder alternativ in Kokosöl
MITTAGESSEN:	Spargel mit Kochschinken
ABENDESSEN:	Brokkoliauflauf

DIENSTAG	MAHLZEIT
FRÜHSTÜCK:	Spiegeleier mit in Kokosöl gebratenem Speck
MITTAGESSEN:	Butternutkürbis im Ofen gebacken
ABENDESSEN:	Lachs mit Butter und Low Carb Gemüse

MITTWOCH	MAHLZEIT
FRÜHSTÜCK:	Fetakäse mit Tomaten, Gurkenscheiben und Oliven
MITTAGESSEN:	Shrimps-Salat mit etwas Olivenöl
ABENDESSEN:	Gegrillte Hähnchenbrust mit frischem Gemüse

DONNERSTAG	MAHLZEIT
FRÜHSTÜCK:	Lachs, Avocado und etwas Creme Fraiche dazu
MITTAGESSEN:	Smoothie mit Kokosmilch, Himbeeren, Mandeln und Whey Protein
ABENDESSEN:	Gebackener Camembert mit Preiselbeeren

Ketogene Ernährung & Meal Prep: Wie Du gesundes Essen zeitsparend zubereitest und auch unterwegs genießen kannst

FREITAG	MAHLZEIT
FRÜHSTÜCK:	Joghurt 3,5% mit Heidelbeeren und gepopptem Quinoa
MITTAGESSEN:	Griechischer Salat mit Fetakäse
ABENDESSEN:	Chili con carne

SAMSTAG	MAHLZEIT
FRÜHSTÜCK:	Omelette mit Schnittlauch und frischen Pilzen
MITTAGESSEN:	Zucchinisalat mit Walnüssen
ABENDESSEN:	Hackfleischbällchen mit Gemüse

SONNTAG	MAHLZEIT
FRÜHSTÜCK:	Rührei mit Schinken und etwas geriebenen Käse
MITTAGESSEN:	Smoothie mit Kokosmilch, einem Löffel Sahne, Whey Protein und Beeren
ABENDESSEN:	Paprika-Tofu-Pfanne

KAPITEL 8
REZEPTE

Frühstück

Bircher Müsli mit geriebenem Apfel und Walnüssen

Zutaten:

- 40 g feine Haferflocken
- 20 g geschrotete Leinsamen
- 40 g grobe Haferflocken
- 50 g Rosinen
- 20 g Chiasamen

- 100 ml Wasser
- 2 EL Zitronensaft
- 20 g Vanillepulver
- 2 TL Zimt
- Etwas Joghurt
- 200 g Sojajoghurt
- 20 g grob gehackte Walnusskerne
- 2 geriebene Äpfel

Zubereitung:

1. Für die Zubereitung eines Bircher Müsli werden alle getrockneten Zutaten in einer Schüssel miteinander vermischt. Dabei werden allerdings die Walnüsse erst einmal ausgelassen.
2. Dann werden 2 Äpfel genommen und gerieben. Diese dann mit 2 EL Zitronensaft vermischt und ebenfalls zum Rest dazugegeben.

3. Jetzt etwas Joghurt untermischen und mit 100 ml Wasser ergänzen, damit die Mischung lockerer wird.
4. Die ganze Masse auf zwei Einmachgläser verteilen und erst einmal für eine Nacht im Kühlschrank ziehen lassen. Die grob gehackten Walnusskerne dazugeben und innerhalb von 1-2 Tagen aufbrauchen.

Knuspermüsli mit Mandeln und Chiasamen

Zutaten:

- 300 g Haferflocken
- 75 g gehobelte Mandeln
- 30 g Chiasamen
- 1/2 TL Salz
- 100 ml flüssiger Honig
- 80 g Kokosöl
- Milch oder Joghurt
- Frisches Obst (z.B. Äpfel, Birnen und Heidelbeeren)
- Ein Paar Kokosraspeln

Zubereitung:

1. Für die Zubereitung von Knuspermüsli den Backofen auf 180 Grad vorheizen. Das Backblech dann mit Backpapier auslegen.

2. Alles bis auf die Chiasamen in eine passende Schüssel geben und gut miteinander vermischen, dann auf dem Backpapier verteilen.
3. Jetzt für 8 Minuten backen und wenden. Für weitere 5 Minuten werden diese dann weiter gebacken. Sobald das Knuspermüsli eine schöne Farbe erreicht hat ist es fertig. Sollte es noch zu hell sein, dann kann man alles nochmal für weitere 3 Minuten backen.

4. Nach der Backzeit können 30 g Chiasamen, etwas frisches Obst und ein paar Kokosraspeln untergehoben werden und in einem Einmachglas aufbewahrt werden. Dieses ist für mind. ca. 2 Wochen schön knusprig haltbar.

Schinken-Wrap

Zutaten:

- 2 große Scheiben Kochschinken
- 2 Eier
- Klein geschnittenes Gemüse (zum Beispiel Spinat, schwarze Oliven, Frühlingszwiebel, Paprika und Tomaten)
- Etwas Salz
- Etwas Pfeffer

Zubereitung:

1. Für die Zubereitung von Schinken-Wraps wird zunächst das Gemüse klein geschnitten und in eine Pfanne gegeben. Diese kurz anbraten und noch mit etwas Salz und Pfeffer verfeinern.
2. 2 Eier in einer Schüssel verquirlen lassen und dann über das Gemüse geben.

3. Die Masse kurz anbraten bis die Konsistenz angenommen wird.
4. Das Ganze nun aus der Pfanne nehmen und dann vorsichtig mit den Händen in Kochschinken einrollen. Du kannst die Röllchen noch mit Hilfe eines Zahnstochers fixieren.
5. Die fertigen Wraps dann vorsichtig in einer Dose aufbewahren bis du es verzehren möchtest. Diese sind mindestens 1 Woche gut im Kühlschrank haltbar.

Bananenbrot-Scheiben

Zutaten:

- 10 g gehobelte Mandeln
- 2 reife Bananen
- 130 g Dinkelmehl
- 70 ml Milch
- 2 Eier
- 50 ml Öl
- 50 g gemahlene Mandeln
- 2 TL Backpulver
- Etwas Fett

Zubereitung:

1. Für die Zubereitung von Bananenbrot-Scheiben, wird anfangs der Backofen aus ca. 180 Grad Umluft vorgeheizt. 2 reife Bananen dann geschält und in einer passenden Schüssel mit Hilfe einer Gabel zerdrückt.

2. 70 ml Milch, 50 ml Öl und 2 Eier hinzugeben und alles gut miteinander vermischen.
3. 130 g Dinkelmehl, 2 TL Backpulver und 50 g gemahlene Mandeln untermischen und zu einem Teig glatt rühren.
4. Jetzt wird eine Kastenform gebraucht, die mit etwas Fett bestrichen wird und dann mit Backpapier ausgelegt wird.
5. Den fertig vorbereiteten Teig hineingießen und diesen mit den 10 g gehobelten Mandeln bestreuen. Das Brot kann dann in den Backofen geschoben werden und für eine Dauer von ca. 40-50 Minuten gebacken werden.
6. Nach etwa 30 Minuten kurz anhalten und mit Alufolie abdecken. Auf diese Weise verhindert man, dass die Oberfläche zu dunkel wird.
7. Sobald die Backzeit abgelaufen ist, das Brot herausnehmen und komplett abkühlen lassen. Bis zum Verzehr das Brot in geschnittenen Scheiben einfrieren und dann bei Bedarf auftauen lassen.

8. Verzehrt wird das Bananenbrot mit Butter und Marmelade oder doch mit frischen Beeren. Je nach eigenem Geschmackswunsch.

Mini-Frittatas mit Spargel und Pancetta

Zutaten:

- 125 ml Milch
- 115 g Pancetta
- 225 g grüner Spargel
- 12 Eier
- Etwas Öl
- 75 g geriebener Mozzarella
- 2 1/2 TL flüssige Butter
- 25 g geriebener Parmesan
- 45 g Paniermehl
- 1/2 TL Salz
- 1/4 TL Pfeffer

Zubereitung:

1. Für die Zubereitung von Mini-Frittatas wird der Backofen auf 190 Grad vorgeheizt und die Einmachgläser mit etwas Öl eingefettet.

2. 225 g grünen Spargel waschen, das untere Drittel schälen und das Ende abschneiden. Der Spargel wird dann in 1 cm große Stücke geschnitten.
3. 115 g Pancetta wird in einer Pfanne angebraten und dann erstmal wieder beiseite gestellt.
4. In derselben Pfanne dann auch den Spargel für eine Zeit von ca. 3 Minuten ebenfalls anbraten.
5. 12 Eier in einer Schüssel schaumig schlagen, mit etwas Salz und Pfeffer verfeinern und dann noch 125 ml Milch untermischen. 75 g geriebener Mozzarella und 25 g geriebener Parmesan hinzugeben und unterrühren.
6. In einer weiteren Schüssel 1 1/2 TL flüssige Butter mit 45 g Paniermehl vermischen.
7. Diese Mischung in ein Einmachglas geben und mit den Händen andrücken. Die verquirlten Eier darüber geben und mit Spargel und Pancetta belegen.

8. Das Ganze in dem vorgeheizten Ofen für ca. 10-15 Minuten backen.
9. Nach der Zubereitung abkühlen lassen und für max. 3-4 Tage im Kühlschrank kühl lagern.

Hauptmahlzeiten

Spiralnudel-Gurken-Salat

Zutaten für den Salat:

- 1/2 Gurke
- 1/2 Avocado
- 1 grüner Apfel
- 100 g Rucola
- 1 Handvoll Cashewkerne
- 100 g Quinoa

Zutaten für das Dressing:

- 4 EL Olivenöl
- 3 EL ungesüßte Mandelmilch
- 1 TL Mohn
- 1/2 Zitrone
- 1 EL Agavendicksaft
- Etwas Salz
- Etwas Pfeffer

Zubereitung:

1. Für die Zubereitung eines Spiralnudel-Gurken-Salats bereitet man zunächst das Dressing vor. Dazu 1/2 Zitrone auspressen und die Schale abreiben. Dann 2 TL Zitronensaft und 1 TL der Schale mit 4 EL Olivenöl, 1 EL Agavendicksaft und 3 EL ungesüßte Mandelmilch vermischen und durch einen Stabmixer 1 Minute miteinander vermischen. 1 TL Mohn unterrühren und mit etwas Salz und Pfeffer verfeinern.
2. Dann geht es an den Salat. 100 g Quinoa dazu laut beschriebener Packungsanleitung zubereiten. 1 Handvoll Cashewkerne rösten und 100 g Rucola waschen.
3. 1 Avocado entkernen, den Kern entfernen und dann in Würfel schneiden. 1/2 Gurke und 1 grünen Apfel mit einem Spiralschneider zu langen Nudeln verarbeiten.
4. Die verarbeiteten Gurkennudeln werden in ein Einmachglas gegeben und noch mit dem

Quinoa, den in Würfel geschnittenen Avocadostücken und Cashewkernen bedeckt. Schlussendlich noch mit den Apfelnudeln und dem Rucola bis oben hin auffüllen.

5. Das fertige Gericht mit dem Dressing bedecken und sicher verschließen. Bis zum Verzehr kühl im Kühlschrank lagern und innerhalb von 2-3 Tagen verbrauchen. Sobald du das Gericht genießen möchtest, solltest du das Glas vorher ordentlich durchschütteln, damit sich die Soße gut darin verteilen kann.

Hähnchen mit grünen Bohnen in roter Pesto-Soße

Zutaten:

- 350 g Hähnchenbrustfilet
- 10 Kirschtomaten
- 150 g grüne Bohnen
- 2 EL Olivenöl
- 120 g rotes Pesto
- Etwas Salz
- Etwas Pfeffer

Zubereitung:

1. Für die Zubereitung von Hähnchen mit grünen Bohnen in roter Pesto-Soße werden die Hähnchen erst einmal in Streifen geschnitten und von jeder Seite mit etwas Salz und Pfeffer verfeinert. Dann 10 Kirschtomaten halbieren, 2 EL Olivenöl in einer Pfanne erwärmen und die vorbereiteten

Hähnchenstreifen in dieser für ca. 7 Minuten braten. Nach dem anbraten werden die Streifen beiseitegestellt.

2. 150 g grüne Bohnen in einer Pfanne für ca. 10 Minuten anbraten bis sie weich geworden sind. Jetzt die Kirschtomaten, Hähnchenstreifen und 120 g rotes Pesto dazugeben. Das Ganze für weitere 3 Minuten köcheln lassen.

3. Nach abgelaufener Zeit die Mahlzeit in Dosen füllen und vor der Lagerung noch etwas abkühlen lassen.

4. Im Kühlschrank kann die Mahlzeit für ca. 2-3 Tage kühl und frisch gelagert werden. Ansonsten bitte einfrieren, solltest du es erst später essen möchten.

Wildreis mit Babyspinat und gerösteten Kichererbsen

Zutaten:

- 1 Zweig Thymian
- 200 g Wildreis
- 200 g Kichererbsen
- 1 EL Olivenöl
- 4 Möhren
- 1 Handvoll Babyspinat
- 1 Orange
- 2 EL Ahornsirup
- 1 Knoblauchzehe
- 1 Prise Meersalz

Zubereitung:

1. Für die Zubereitung von Wildreis mit Babyspinat mit gerösteten Kichererbsen wird zunächst der Backofen auf 200 Grad

vorgeheizt und dann das Backblech mit Backpapier ausgelegt.

2. 200 g Wildreis laut der beschriebenen Packungsanleitung zubereiten. Dann 200 g Kichererbsen abgießen, 4 Möhren schälen und diese mit einem Messer in Scheiben schneiden.

3. Die vorbereiteten Kichererbsen und die geschälten Möhren mit 1 EL Olivenöl vermischen und alles auf dem belegten Backblech verteilen. Noch mit etwas Meersalz verfeinern und Thymian drüber streuen.

4. Alles für ca. 20 Minuten im Backofen backen.

5. Jetzt 1 Orange zur Hand nehmen, die Schale abreiben und den Saft davon auspressen. 2 EL Ahornsirup damit vermischen und den Sirup über die Erbsen und die Möhren verteilen. Dann für eine Zeit von 5 Minuten weiterbacken.

6. 1 Knoblauchzehe schälen und in kleine Stücke fein hacken. Dann mit 1 Handvoll

Babyspinat in einer Pfanne für kurze 5 Minuten leicht anbraten.
7. Den Wildreis zusammen mit den Erbsen, dem Spinat und den Möhren vermengen.
8. Nach der Zubereitung gut abkühlen lassen und dann in einem Einmachglas oder einer Dose für maximal 2-3 Tage im Kühlschrank lagern bis es verzehrt werden will. Ansonsten sollte es bei einem späteren Zeitpunkt besser eingefroren werden damit es haltbar und frisch ist.

Gefüllte Avocadohälften

Zutaten:

- 1 reife Avocado
- 2 EL Balsamico
- 2 EL frische Basilikum
- 1 EL fein gehackte Zwiebeln
- 1 Tomate
- Ein paar Pinienkerne
- Etwas Parmesan zum Verfeinern
- Etwas fein gehackter Knoblauch
- Etwas Salz
- Etwas Pfeffer

Zubereitung:

1. Für die Zubereitung von gefüllten Avocadohälften wird 1 reife Avocado der Länge nach durchgeschnitten und der Kern herausgenommen. Dort wo sich die Mulde

bildet wird dann später die Füllung hineingegeben.
2. Aber zunächst mit etwas Salz und Pfeffer würzen und dann beiseite legen.
3. Es werden erst einmal alle Zutaten für die Füllung zubereitet. Also eine Zwiebel und etwas Knoblauch fein hacken. Dann 1 Tomate waschen und diese klein schneiden. Alles zusammen in einer Schüssel mit etwas Balsamicoessig und mit klein geschnittenem Basilikum verrühren. Die Mischung wird in die Avocadohälften gegeben.
4. Ein paar Pinienkerne in einer Pfanne leicht anrösten. Ebenfalls in die Avocado füllen und zur Dekoration mit Parmesansplittern verfeinern.
5. Die Avocadohälften in eine Dose füllen und innerhalb der nächsten 2-3 Tage aufbrauchen.

Vietnamesische Gemüserollen

Zutaten:

- 350 g Hähnchenbrust
- 1/2 Salatgurke
- 6 Blätter Reispapier
- 6 TL süß-scharfe Chili-Sauce
- 5 Blätter Eisbergsalat
- 6 EL Sojasauce
- 1/2 rote Paprika
- 12 TL Röstzwiebeln
- 1 Karotte
- 1 EL Zitronensaft
- 1 EL Puderzucker

Zubereitung:

1. Für die Zubereitung von vietnamesischen Gemüserollen werden 350 g Hähnchenbrust in dünne Streifen geschnitten, mit etwas Salz

und Pfeffer gewürzt und dann direkt in der Pfanne angebraten. Nach der Bratzeit erst einmal beiseite stellen und mit der restlichen Zubereitung fortfahren.

2. Nun 1 Karotte und 1/2 Salatgurke in sehr feine, rechteckige Streifen schneiden. Ebenfalls 1/2 rote Paprika in dünne Stifte mit dem Messer schneiden.

3. Jetzt 5 Blätter des Eisbergsalates abzupfen, mit etwas Wasser waschen und mundgerecht klein machen.

4. 6 Blätter Reispapier mit etwas Wasser befeuchten und für kurze Zeit quellen lassen. Die Blätter werden danach mit der Chili-Sauce bestrichen und dann mit den Zutaten belegt. Dafür also Hähnchen, Paprika, Gurke, Karotte, Röstzwiebeln und Eisbergsalat verwenden.

5. Die Blätter mit leichtem Händedruck zusammenrollen und die Ränder dann hochklappen damit nichts herausfällt.

6. Die Dipsauce wird mit 6 EL Sojasauce, 1 EL Zitronensaft und 1 EL Puderzucker in einer

kleinen Schüssel miteinander verrührt und dann unabhängig zu den Gemüserollen im Kühlschrank gekühlt.

7. Die vietnamesischen Gemüserollen können unbedenklich mind. 1 Woche frisch im Kühlschrank aufbewahrt und später verzehrt werden.

KAPITEL 9
FAZIT

Die richtige Vorbereitung der Low-Carb-Mahlzeiten muss gelernt werden, aber keine Sorge je öfter du das Vorkochen betreibst, desto einfacher wird es dir fallen und irgendwann gehört es dann einfach zum ganz normalen Alltag dazu. Nach einiger Zeit weiß man auch ganz genau, wie man was vorbereitet, welche Behälter am besten geeignet sind, wie die Zeit beim Vorbereiten eingeteilt werden muss und so weiter. Wenn du mit allem schon gut zurechtkommst, kannst du dich je nach deinem Gefühl steigern. Jeder muss sich da etwas herantasten und seinen eigenen Weg finden. Probiere doch einfach mal ein paar verschiedene Variationen aus und du wirst mit

Sicherheit irgendwann deinen eigenen Ablauf entwickeln. Lasse dich nicht demotivieren, wenn du das Meal Prep mal ein paar Tage nicht durchhältst. Aller Anfang ist schwer! Ich bin überzeugt, dass du mit deinem Low-Carb-Ernährungsplan und der Meal-Prep-Methode deinen Zielen in nächster Zeit immer näher kommen wirst. Du musst nicht komplett auf Kohlenhydrate verzichten, wichtig ist nur, dass du weißt welche Lebensmittel bei einer kohlenhydratarmen Ernährung verwendet werden und diese dann in deine Ernährung einbaust. Ich empfehle dir als zusätzliche Unterstützung all deine ungesunden Versuchungen aus deiner Küche zu verbannen. Dazu zählen Chips, Eiscreme, Süßigkeiten, Säfte, Getreide, Brot und Backzutaten wie zum Beispiel Weizenmehl und Zucker. Du kannst gerne für weitere Rezeptideen meine nachfolgenden App-Empfehlungen benutzen und bist damit für die Zukunft gut versorgt. Ich wünsche dir viel Glück und eine gute Umsetzung. Starte noch heute in ein neues Lebensgefühl. Ich glaub an dich! **Los geht's**...

BONUS: 14 TAGE ONLINE ERNÄHRUNGSBERATUNG GRATIS UND LIVE

Ich hoffe dir hat unser Buch gefallen. Trotz allem sind wir sicher, das noch einige Fragen offen sind. Wir haben bewusst in diesem Ratgeber nur kurz die Theorie erklärt + ein paar leckere Rezepte aufgeführt. Alle Fragen die nun noch offen sind, beantworten wir dir gerne 14 Tage lang GRATIS.

Was du dafür tun musst:

Schreibe eine E-Mail an: E-Profis@gmx.de

Schicke uns deinen Kaufbeleg von diesem Buch inkl. Name, Vorname, Geburtsdatum und Emailadresse.

Alles Weitere wird dann über E-Mail geklärt.

Ich freue mich von dir zu hören.

Die Ernährungsprofis

App-Empfehlungen:

- Fitness Rezepte und Meal Prep von MyFitFEED
- Low Carb Rezepte: Diät-Ernährungsplan zum Abnehmen von Foodabi

RECHTLICHES UND IMPRESSUM

Das Werk einschließlich aller Inhalte ist urheberrechtlich geschützt. Der Nachdruck oder die Reproduktion, gesamt oder auszugsweise, sowie die Einspeicherung, Verarbeitung, Vervielfältigung und Verbreitung mit Hilfe elektronischer Systeme, gesamt oder auszugsweise, ist ohne schriftliche Genehmigung des Autors untersagt. Alle Übersetzungsrechte vorbehalten.

Die Inhalte dieses Buches wurden anhand von anerkannten Quellen recherchiert und mit hoher Sorgfalt geprüft. Der Autor übernimmt dennoch keinerlei Gewähr für die Aktualität, Richtigkeit und Vollständigkeit der bereitgestellten Informationen. Haftungsansprüche gegen den Autor, welche sich auf Schäden gesundheitlicher, materieller oder ideeller Art beziehen, die durch die Nutzung oder Nichtnutzung der dargebotenen Informationen bzw. durch die Nutzung fehlerhafter und unvollständiger Informationen verursacht wurden, sind grundsätzlich ausgeschlossen, sofern seitens des Autors kein nachweislich vorsätzliches oder grob fahrlässiges Verschulden vorliegt. Dieses Buch ist kein Ersatz für medizinische und professionelle Beratung und Betreuung.

Dieses Buch verweist auf Inhalte Dritter. Der Autor erklärt hiermit ausdrücklich, dass zum Zeitpunkt der Linksetzung keine illegalen Inhalte auf den zu verlinkenden Seiten erkennbar waren. Auf die verlinkten Inhalte hat der Autor keinen Einfluss. Deshalb distanziert der Autor sich hiermit ausdrücklich von allen Inhalten aller verlinkten Seiten, die nach der Linksetzung verändert wurden. Für illegale, fehlerhafte oder unvollständige Inhalte und insbesondere für Schäden, die aus der Nutzung oder Nichtnutzung solcherart dargebotener Informationen entstehen, haftet allein der Anbieter der Seite, auf welche verwiesen wurde, nicht aber der Autor dieses Buches.

© 2018 Evrim Dagdelen
Alle Rechte vorbehalten.

Bilder : Depositphotos

Evrim Dagdelen
Finkenweg 27
64295 Darmstadt

E-Mail: MediaBooksED@gmx.de

Printed in Great Britain
by Amazon